DYBBOOKS

Les premiers mois précédant un mariage peuvent être si remplis de joie, d'anticipation et d'excitation que beaucoup de gens ne prennent pas le temps de vraiment connaître leur partenaire. Ils pourraient ne pas réaliser à quel point ils sont différents jusqu'à ce que la bague ait été placée à leur doigt. C'est pourquoi poser les bonnes questions à votre futur partenaire est si vital pour les couples qui veulent un mariage sain, car cela donne aux deux partenaires l'occasion de parler de tout.

Ces questions révèlent des attentes et des préoccupations et aident chacun à comprendre les besoins et les espoirs de son proche. Une ressource parfaite pour les églises, les conseillers, les couples de rencontres et les jeunes hommes et femmes qui rêvent d'un mariage pour toujours.

Ce livre couvre des questions sur ces sujets:

Questions sur la communication
Questions sur la famille
Questions sur le mode de vie
Questions sur le sexe
Questions sur le travail et la carrière
Questions sur le divertissement
Questions sur la gestion financière
Questions sur la gestion des conflits
Questions sur la religion et la spiritualité
Questions sur la santé
Questions supplémentaires

Famille

1 Avant de vous marier, souhait-ez-vous conclure un contrat prénuptial ? Pourquoi oui, ou pourquoi pas ?

2 Es-tu proche de ta famille ?

3 Avez-vous déjà été séparé de votre famille ?

4 À quelle fréquence aimeriez-vous rendre visite à votre famille ?

5 À quelle fréquence la famille de votre partenaire vous rendra-t-elle vis-ite ?

6 Avez-vous des antécédents familiaux de maladie ou d'anomalies génétiques?

7 Vous entendez-vous avec votre fa-mille ?

8 Appréciez-vous les opinions de vos parents ou de votre famille élargie ?

9 Pensez-vous que la famille de votre partenaire est trop intrusive ?

10 Pensez-vous qu'il est important que vous et votre partenaire ayez de bonnes relations avec les familles de l'autre ?

1 Avez-vous des antécédents familiaux e maladies ou d'anomalies génétiques?

.2 Et si l'un des membres de votre fa- nille vous disait qu'il n'aime pas votre artenaire ?

13 Avez-vous eu besoin de rompre avec quelqu'un à cause de querelles familiales ?

14 Comment géreriez-vous les visites amiliales en vacances ?

.5 Lorsque vous prenez une décision mportante, ressentez-vous le besoin de onsulter d'abord votre partenaire ?

.6 Des problèmes familiaux non résolus ɔu persistants ont-ils déjà été une cause de rupture d'une relation ?

17 Si les parents de votre partenaire tombaient malades, accepteriez-vous de les accueillir ?

18 Pensez-vous que certaines de vos peurs, de vos inquiétudes ou de votre santé mentale sont affectées par quelque

chose qui s'est passé dans votre enfance ?

19 Quelle est la chose la plus blessante que vos parents vous aient jamais dite ?

20 À quelle fréquence aimeriez-vous rendre visite à la famille de votre partenaire ?

21 Est-ce important si votre famille aime votre partenaire ?

22 Vos parents se disputaient beaucoup ? Comment règlent-ils un litige ? Pensez-vous agir de la même manière ?

23 Vos parents ont-ils encore une influence sur vos décisions ?

Communication

1 Votre partenaire vous en veut-il parfois ?

2 Pensez-vous que vous critiquez votre partenaire ?

3 Votre partenaire vous a déçu ? Est-ce qu'il t'a fait mal?

4 Comment votre partenaire communique-t-il son amour pour vous ?

5 Comment votre partenaire vous fait-il vous sentir en sécurité et accepté ?

6 quel est le moyen le plus efficace d'attirer votre attention ?

7 Combien de temps passez-vous au téléphone chaque jour ?

8 Avez-vous un numéro de téléphone non répertorié ? Si oui, pourquoi ?

9 Comment vous sentez-vous lorsque votre partenaire n'est pas d'accord avec vous ?

10 Vous semble-t-il parfois que votre partenaire vous critique ?

11 Que pensez-vous de partager vos

sentiments avec votre partenaire ?

12 Comment vous sentez-vous lorsque votre partenaire n'est pas d'accord avec vous ?

13 Qu'admirez-vous dans la façon dont votre mère et votre père se traitent ?

14 Comment réagissez-vous avec votre partenaire lorsqu'il est bouleversé ?

15 Êtes-vous prêt à dire à votre partenaire si vous avez un problème ?

16 Diriez-vous un pieux mensonge à votre partenaire pour éviter de me blesser ?

17 Pensez-vous que votre partenaire harcèle trop?

18 Votre partenaire vous a-t-il déjà déçu ou vous a-t-il causé de la douleur ?

19 Vous considérez-vous comme un communicant ou comme une personne privée ?

20 Dans quelles circonstances ne répondriez-vous pas au téléphone ?

21 La communication a-t-elle déjà été une raison de rompre une relation ?
22 Considérez-vous que vos différends jusqu'à présent avec votre partenaire sont résolus ou affectent-ils toujours votre relation ?
23 Êtes-vous prêt à dire à votre partenaire quand vous êtes stressé ?
24 Que feriez-vous pour faire sourire votre partenaire ?
25 Y a-t-il déjà eu quelque chose que vous ne vouliez pas dire à votre partenaire ?
26 Quelle est la meilleure façon de vous communiquer des sentiments difficiles sans vous offenser ?
27 Comment allons-nous arranger les choses sans entrer dans le combat ?
28 Avez-vous parfois peur que votre partenaire vous juge ?
29 Votre partenaire vous a-t-il déjà caché des secrets ?

30 Avez-vous des problèmes de confiance avec votre partenaire ?

31 Qu'est-ce qui peut vous empêcher de parler à votre partenaire ?

32 Quel genre de discussion voulez-vous toujours avoir avec votre partenaire ?

33 Que se passe-t-il après que vous et votre partenaire vous êtes disputés ?

34 Votre partenaire a-t-il du mal à s'excuser ?

35 Pensez-vous pouvoir communiquer avec votre partenaire en toute circonstance et sur n'importe quel sujet ?

Mode de vie

1 Où préférez-vous vivre ?

2 Quelle est votre relation avec le tabac, la drogue et l'alcool ?

3 Comment allons-nous répartir les responsabilités?

4 Dans quel genre de maison voulez-vous vivre? -maison, appartement, etc.-

5 Êtes-vous une personne introvertie ou extravertie ?

6 Acceptez-vous d'embaucher un assistant, d'utiliser le nettoyage ?

7 Que pensez-vous des normes de propreté et d'ordre de votre partenaire ?

8 Combien de temps comptez-vous passer avec votre partenaire ?

9 Quelle est votre idée d'une juste répartition des tâches dans votre foyer ?

10 Préférez-vous les zones urbaines ou rurales ?

11 De combien d'argent avez-vous besoin pour vivre le style de vie que vous souhaitez ?

12 Vous considérez-vous comme une personne calme ou êtes-vous plutôt du genre déterminé ?

13 Qu'aimez-vous faire après le travail ?

14 Combien d'argent vous aimez dépenser ou économiser ?

15 Quelle est l'importance de l'exercice dans votre vie ?

16 De combien d'heures de sommeil avez-vous besoin chaque nuit ?

17 Aimez-vous faire de la luge vos week-ends?

18 Que pensez-vous de mes amis solitaires ? Seriez-vous d'accord si je fais la fête avec eux de temps en temps ?

19 Qui fera les courses et cuisinera dans notre relation ?

20 À quelle fréquence prévoyez-vous de manger au restaurant ? Quels restaurants aimez-vous le plus ?

21 Vous aimez cuisiner ou commander ?

22 Aimez-vous être douché et habillé de vêtements propres tous les jours, même le week-end ou les vacances ?
23 Combien de voyages préférez-vous faire avec votre partenaire ?
24 Préférez-vous vivre en ville, à la campagne ou à la plage ? Pourquoi?
25 À quoi ressemble votre journée de congé idéale ?
26 À quelle fréquence aimez-vous aller aux fêtes ?
27 Êtes-vous habile avec des outils et des outils électriques ou comptez-vous sur des services professionnels?
28 À quoi ressemblent vos vacances idéales ?
29 Quelle est votre idée de la détente parfaite ?
30 Avoir une voiture, une maison ou quelque chose de matériel a-t-il déjà été une raison de rompre une relation ?
31 Êtes-vous une personne physique-

ment affectueuse?

32 Si vous deveniez soudainement outrageusement riche, changeriez-vous considérablement votre vie ? Si oui, comment le changeriez-vous ?

33 Quelle est votre saison préférée de l'année ?

34 Préférez-vous être éveillé le jour ou la nuit ?

35 Comment répartiriez-vous équitablement les tâches ménagères ?

Sexe

1 Vous sentez-vous à l'aise de prendre l'initiative lors d'un rapport sexuel ? Si oui, pourquoi ? Si non, pourquoi ?

2 Quelles sont vos attentes sexuelles ?

3 Manque-t-il quelque chose dans votre relation sexuelle ?

4 Pouvez-vous me dire si vous n'êtes pas satisfait sexuellement ?

5 De quoi avez-vous besoin pour vous préparer au sexe ?

6 Pensez-vous que la composante physique de cette relation vous suffira ?

7 Évoquerez-vous ouvertement votre béguin pour quelqu'un (si cela se produit) avant que quelque chose d'important ne se produise "en parallèle" ?

8 Comment réagiriez-vous si votre vie sexuelle devenait ennuyeuse ?

9 Quelles sont vos attentes concernant le sexe ?

10 Êtes-vous à l'aise de parler ouvertement de sexe ? Si non, pourquoi ?

11 Avez-vous déjà douté de votre sexualité ?

12 La fidélité sexuelle est-elle une condition primordiale dans un bon mariage ?

13 Qu'est-ce que tu aimes le plus dans le sexe ?

14 Êtes-vous d'habitude d'humeur à faire l'amour ?

15 Utilisez-vous le sexe comme exutoire ? Si quelque chose vous dérange, utilisez-vous le sexe pour essayer de l'aider à se sentir mieux ?

16 Combien de fois tu veux avoir des relations sexuelles avec ton partenaire ?

17 Qu'est-ce qui vous attire et vous passionne le plus ?

18 Le sexe est-il pour vous une méthode pour soulager le stress ?

19 Avez-vous déjà utilisé le sexe pour apaiser votre partenaire ou éviter un sujet ?

20 Est-ce que vous et vous accordez la priorité au sexe ?

21 Pensez-vous que vous pouvez me faire suffisamment confiance pour discuter de nos différences sexuelles, de nos peurs ou de nos fantasmes ?

22 Y a-t-il quelque chose d'inhabituel que je devrais savoir ?

23 Quel genre de sexe aimez-vous avoir?

24 Quelle est votre position sexuelle préférée ?

25 Avez-vous déjà rompu avec un partenaire à cause d'un mauvais rapport sexuel ?

26 Acceptez-vous de renoncer aux choses qui vous attirent en dehors de notre relation avant que quelque chose de significatif ne se développe ?

27 Êtes-vous ouvert avec votre partenaire en termes de sexe ?

28 Quelle est la période idéale pour les

rapports sexuels ?

Travail et carrière

1 Travaillez-vous sur ce que vous vouliez ?

2 Dans quelle mesure soutenez-vous les objectifs de carrière de votre partenaire ?

3 Quels sont vos objectifs de carrière?

4 Où voyez-vous votre carrière dans 10 ans ?

5 Combien de temps passez-vous au travail ?

6 Combien d'heures par semaine travaillez-vous ?

7 À quel point êtes-vous passionné par votre carrière ?

8 En quoi consiste votre travail ? (Par exemple, les voyages, le travail à domicile, les tâches dangereuses...)

9 Et si votre partenaire ne supporte pas sa situation professionnelle et a besoin d'un break ?

10 Quel est le travail de tes rêves?

11 Pensez-vous que l'équilibre tra-

vail-vie personnelle peut mettre à rude épreuve votre relation avec votre partenaire ?

12 Êtes-vous un bourreau de travail?

13 Privilégiez-vous le travail aux autres aspects de votre vie ?

14 Êtes-vous toujours impatient d'apprendre quelque chose de nouveau?

15 Que considères-tu le plus : ton métier ou ta passion ?

16 Quelles sont vos aspirations professionnelles ?

17 Quel est votre régime de retraite? Que comptez-vous faire lorsque vous arrêtez de travailler ?

18 Que faire si votre partenaire ne trouve pas d'emploi pendant une longue période ou s'il a besoin d'une pause « professionnelle » ?

19 Quels sont vos objectifs de carrière pour le futur proche et lointain ?

20 Avez-vous déjà été licencié ?

21 Cela vous dérangerait-il de déménager si votre partenaire devait déménager pour son travail ?
22 Qu'aimeriez-vous faire quand vous serez à la retraite ?
23 Avez-vous déjà soudainement quitté un emploi? Avez-vous déjà changé d'emploi?
24 Compreriez-vous si votre partenaire faisait des heures supplémentaires pendant de longues périodes ?
25 Considérez-vous votre travail comme une carrière ou juste un travail ?
26 Si votre partenaire se voit offrir un emploi de rêve dans une autre partie du pays, êtes-vous prêt à déménager ?
27 Votre travail a-t-il déjà été une raison pour rompre une relation ?
28 Quel est votre niveau d'études ? En êtes-vous fier ? Vous souhaitez l'augmenter ?

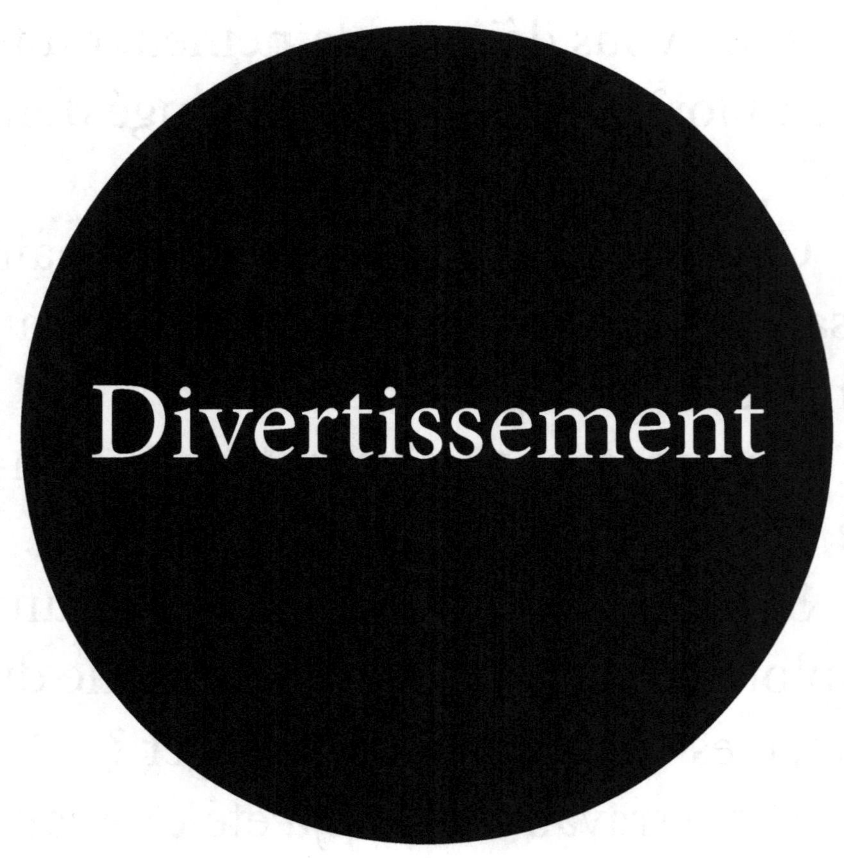
Divertissement

1 Aimes-tu voyager?

2 Où voulez-vous voyager?

3 A quoi ressemble une journée idéale pour vous ?

4 Combien êtes-vous prêt à dépenser pour des vacances ?

5 Pendant les vacances, rendez-vous visite à votre famille, séjournez-vous chez des amis ou prenez-vous du temps pour vous ?

6 Quelle est la passion qui rend heureux ?

7 A quelle fréquence souhaitez-vous voyager ?

8 Combien diriez-vous que vous dépensez chaque semaine en activités de loisirs ?

9 Où voudrais-tu voyager?

10 Aimez-vous boire ou aller dans des clubs de strip-tease... ?

11 Des passe-temps très différents vous ont-ils amené à rompre dans le passé ?

12 Quelle est l'importance du temps seul pour vous ?

13 Que pensez-vous de mon départ en voyage avec les filles (garçons) pendant quelques semaines ?

14 À quel point est-ce important pour vous de passer du temps avec des amis ?

15 Quelle serait la soirée de week-end parfaite pour vous ?

Gestion des finances

1 Combien d'argent gagnes tu?

2 Quelles sont toutes vos dettes personnelles actuelles ?

3 Seriez-vous prêt à obtenir un deuxième emploi si nous avions des problèmes financiers ?

4 Êtes-vous stressé face à des problèmes financiers ? Comment gérez-vous le stress ?

5 Que pensez-vous d'emprunter de l'argent?

6 Qui s'occupera des affaires financières de la maison?

7 Voulez-vous être riche ? Quelle est l'importance de l'argent pour vous ?

8 Allons-nous avoir un budget?

9 Qui paiera les factures ?

10 Croyez-vous à l'établissement d'un budget familial?

11 Êtes-vous plutôt économe ou gaspilleur ?

12 Allons-nous faire des économies en

priorité ?

13 Dans quelle mesure créez-vous vos budgets ?

14 Signons-nous un certificat de pré-mariage avant le mariage ?

15 Vous sentez-vous à l'aise de faire un budget ensemble pour notre vie conjugale ?

16 Qui s'occupera des affaires financières du ménage?

17 Souhaitez-vous que nous fixions un montant spécifique que nous sommes prêts à dépenser chaque mois ?

18 Seriez-vous d'accord pour que vous soyez seulement employé par nous deux ?

19 Quelle est votre opinion sur la façon de dépenser de l'argent?

20 Et si nous voulions tous les deux quelque chose mais que nous ne pouvions pas nous permettre les deux ?

21 Pensez-vous qu'il est important

d'épargner pour la retraite ?

22 L'argent était-il une grande partie de vos relations précédentes? Avez-vous tout payé ? Ou votre partenaire a-t-il tout payé ?

23 Êtes-vous doué pour gérer les finances comme les impôts ? Lequel d'entre nous ferait le calcul ?

24 Comment allons-nous gérer les finances - les dépenses après le mariage ?

25 Préférez-vous des comptes bancaires séparés ou des actifs sous des noms différents ? Pourquoi?

26 Avez-vous une dette? Si oui, comment le résolvez-vous ?

27 Souhaitez-vous partager tout l'argent avec votre partenaire ou partager l'argent sur différents comptes ?

28 Que pensez-vous de dépenser de l'argent?

29 Que pensez-vous de m'aider à rembourser mes dettes ?

30 Avez-vous d'autres obligations financières envers une autre personne pour des raisons juridiques ou morales dont je devrais être conscient ?
31 Pensez-vous qu'il est important d'épargner pour la retraite?
32 À quelle fréquence utilisez-vous des cartes de crédit et qu'achetez-vous avec ?
33 Comment se préparer à une urgence financière ?
34 Que pensez-vous de l'économie d'argent ?
35 Seriez-vous prêt à obtenir un deuxième emploi si nous avions des problèmes financiers ?
36 Qu'est-ce qui justifie la dette ?
37 Qu'est-ce qui est financièrement important pour vous - avoir une maison, une belle voiture, une entreprise, des vêtements coûteux, voyager ?
38 Qu'est-ce qui est le plus important pour vous, la taille de la maison - appar-

tement ou son emplacement ?

39 Quelle est votre opinion sur la façon d'économiser de l'argent?

40 Envisagez-vous d'acheter une maison - appartement ou louer?

41 L'argent a-t-il déjà été utilisé comme moyen de contrôle dans vos relations passées, de part et d'autre ? Vous avez rompu à cause de l'argent ?

Gérer les
conflits

1 Pouvez-vous donner un exemple de conflit que nous avons eu et que vous pensez avoir résolu ?

2 Accepteriez-vous d'aller consulter un conseiller matrimonial si nous avions des problèmes conjugaux ?

3 Qu'est-ce qui serait inacceptable en cas de litige ?

4 S'il y a un désaccord entre moi et ta famille, quel côté choisis-tu ?

5 Comment gérez-vous les désaccords ?

6 Comment votre famille a-t-elle géré les conflits pendant votre enfance ?

7 Comment exprimez-vous habituellement votre colère ?

8 Comment pourriez-vous communiquer que vous n'êtes pas sexuellement satisfait ?

9 Quel est votre style de conflit (compromis, conflictuel - évitant, adaptable...) ?

10 Quelle est la meilleure façon de gérer les désaccords dans un couple ?

11 Comment se comporte-t-on lors d'un conflit ?

12 Comment puis-je mieux communiquer avec vous ?

Religion et spiritualité

1 Prenez-vous des décisions de vie basées sur votre croyance religieuse ?
2 Allez-vous régulièrement dans un lieu de culte ?
3 Quelles sont vos croyances spirituelles ou religieuses ?
4 Crois-tu en Dieu? Qu'est-ce que cela signifie pour toi?
5 Vous engagez-vous dans des pratiques spirituelles en dehors de la religion ?
6 Est-ce un problème si vous avez des idéaux politiques différents de ceux de votre partenaire ?
7 Est-il important que vous et votre partenaire partagez les mêmes croyances religieuses ?
8 Est-il important pour vous que vos enfants soient éduqués dans votre religion ?
9 Est-ce un problème si vous avez des croyances spirituelles différentes de

celles de votre partenaire ?

10 Avez-vous une religion? Est-ce une partie importante de votre vie ?

11 La spiritualité fait-elle partie de votre vie quotidienne et pratique ?

12 Priez-vous ou participez-vous régulièrement à certaines activités spirituelles ?

13 Vous considérez-vous comme une personne religieuse ? Une personne spirituelle ?

14 Vous attendez-vous à ce que votre partenaire pratique votre religion ?

15 Dans quelle mesure est-il important pour vous d'observer une pratique spirituelle ou religieuse ?

16 Dans quelle mesure êtes-vous impliqué dans votre communauté spirituelle ou religieuse ?

17 Quelles sont les personnes les plus importantes pour vous ?

18 Crois-tu à la vie après la mort?

19 Votre religion impose-t-elle des restrictions comportementales (alimentation, vêtements, social, financier, mode de vie...) qui pourraient affecter votre partenaire ?

20 La religion ou la pratique spirituelle a-t-elle déjà été une raison de la rupture d'une relation ?

21 Quelles attentes avez-vous concernant l'implication de votre partenaire dans vos activités spirituelles ou religieuses ?

22 Vous attendez-vous à ce que vos enfants soient élevés dans une foi spirituelle ou religieuse particulière, et si oui, à quoi cela ressemblerait-il ?

Santé

1 Que pouvez-vous dire de votre état de santé actuel ?

2 Que pensez-vous de notre examen physique complet avant le mariage ?

3 Y a-t-il des maladies graves dans votre famille : troubles génétiques, mentaux,

4 Avez-vous déjà eu une maladie grave ou subi une intervention chirurgicale ?

5 Pensez-vous que prendre soin de vous et de votre santé physique et mentale est primordial ?

6 Y a-t-il des troubles génétiques dans votre famille ou des antécédents de cancer, de maladie cardiaque ou de maladie chronique ?

7 Vous opposeriez-vous à un traitement de santé mentale ?

8 Avez-vous une sorte d'allergie?

9 Si vous deviez changer son régime alimentaire à cause de problèmes médicaux, seriez-vous prêt à changer le

vôtre ?

10 Êtes-vous prêt à faire de l'exercice avec votre partenaire pour améliorer notre santé?

11 Avez-vous une assurance santé?

12 Que pensez-vous des vaccinations ?

13 Avez-vous déjà souffert d'un trouble alimentaire?

14 Prenez-vous des médicaments ?

15 Avez-vous déjà été traité pour un trouble mental ?

16 Avez-vous une sorte de dépendance?

17 Aimes tu le sport? Lesquels? Voulez-vous pratiquer quelque chose avec votre partenaire ?

18 Avez-vous déjà été hospitalisé ? Si oui, pourquoi ?

19 Avez-vous des conditions qui peuvent être un problème quotidien, comme des problèmes gastro-intestinaux ?

20 Avez-vous déjà rompu avec quelqu'un ou quelqu'un a-t-il rom-

pu avec vous à cause de problèmes de santé ?

21 Avez-vous des problèmes de santé qui interfèrent avec votre vie sexuelle ?

22 Avez-vous une assurance médicale et une assurance dentaire?

23 Avez-vous déjà été dans une relation de violence physique ou émotionnelle ?

24 L'exercice est-il une activité régulière pour vous ? Vous cherchez à en faire une partie de votre journée ?

25 Suivez-vous un régime ou suivez-vous des directives, ou mangez-vous simplement n'importe quoi, n'importe quand?

26 Avez-vous des habitudes comme fumer ou boire? Si oui, combien de fois ? Cela affecte-t-il votre santé? Combien d'argent dépensez-vous pour de telles habitudes?

27 Avez-vous un problème médical qui affecte votre capacité à avoir une vie sex-

uelle satisfaisante ?

Questions
supplémentaires

1 Quel genre de livres aimez-vous lire, quel genre de musique de films aimez-vous ?

2 Où tiens-tu tes nouvelles

3 Croyez-vous ce que vous lisez et voyez aux nouvelles, ou vous demandez-vous d'où vient l'information ?

4 Maintenez-vous une tradition familiale autour de certaines fêtes ?

5 Quelle est l'importance des fêtes d'anniversaire pour vous ?

6 As-tu une voiture? Si non, pensez-vous en avoir un ?

7 La culture populaire a-t-elle un impact majeur sur votre vie ?

8 Quel est ton style de musique préféré ?

9 Vous amusez-vous avec les amis les plus proches de votre partenaire ?

10 Quel genre de style de mode avez-vous ?

11 Avez-vous déjà perdu une amitié à

cause d'une relation ? Une amitié a-t-elle déjà été une raison de rompre une relation ?

12 Vous préférez avoir une relation proche avec vos voisins ?

13 Comment évaluez-vous les priorités dans votre vie : partenaire, école, amis, loisirs, travail, famille, ?

14 Préférez-vous un horaire de travail continu ou des horaires flexibles?

15 Supposons que vous rencontrez des problèmes dans votre mariage, auprès de qui demanderez-vous de l'aide ?

16 Comment pouvez-vous soutenir les loisirs de votre partenaire ?

17 Y a-t-il quelque chose que vous regretteriez de ne pas pouvoir faire ou réaliser si vous épousiez votre partenaire ?

18 Êtes-vous une personne physiquement affectueuse?

19 Quelle est votre saison préférée de

l'année ?

20 Qu'est-ce qui vous met vraiment en colère ? Que fais-tu quand tu es vraiment en colère ?

21 Qu'est-ce qui vous rend le plus heureux ? Que fais-tu quand tu es heureux ?

22 Est-ce un problème si vous devez travailler avec des membres de plusieurs ethnies, cultures et croyances ?

23 Quelle serait votre réaction si votre enfant sortait avec quelqu'un d'une autre nationalité, ethnie ou opinions politiques ?

24 Lorsque vous êtes de mauvaise humeur, comment votre partenaire devrait-il vous traiter ?

25 Que pensez-vous d'avoir un animal de compagnie ?

26 Si votre partenaire avait un animal de compagnie, seriez-vous prêt à en prendre soin même si vous ne l'aimez pas ?

27 Êtes-vous dans la culture pop?

28 À quelle fréquence vous retrouvez-vous avec vos amis ? Parlez-vous régulièrement ? SMS ou par téléphone ?

29 Avez-vous un ami proche du sexe opposé ? Serait-ce un problème si votre partenaire en avait un ?

30 Qu'est-ce qui vient en premier : les amis ou votre relation amoureuse ?

31 Avez-vous déjà refusé d'aider un ami dans le besoin ? Si oui, pourquoi?

32 La musique occupe-t-elle une place importante dans votre vie ou en écoutez-vous rarement ? Quel est votre genre préféré ?

33 Un animal de compagnie est-il simplement un animal domestique ou un membre de la famille ?

34 Essayez-vous de réserver du temps pour vous impliquer dans votre communauté locale ?

35 De quoi avez-vous peur ?

36 Y a-t-il quelqu'un près de vous qui pense que nous ne devrions pas nous marier ? Pourquoi? Doit-on en parler ?

37 Avez-vous des préjugés raciaux?

38 Avez-vous été élevé dans une famille aux valeurs traditionnelles ?

39 Est-il important d'avoir un espace bien à soi chez soi ?

40 Accumuler de l'argent est-il important pour vous ?

41 Croyez-vous aux accords prénuptial?

42 Quelle est votre opinion sur le racisme ?

43 Sacrifieriez-vous une partie de votre bonheur et de votre sécurité financière pour aider quelqu'un d'autre ?

44 Êtes-vous prêt à respecter la culture et les traditions d'une autre personne même si vous n'êtes pas d'accord avec elle ?

45 Est-ce un problème si vous devez travailler avec des membres de plusieurs

ethnies, cultures et croyances ?

46 Avez-vous déjà été victime d'un vol ou d'un crime violent ?

47 Votre domicile a-t-il déjà été cambriolé ? Avez-vous déménagé par la suite ou y habitez-vous toujours ?

48 Êtes-vous une personne juste?

49 Une forte attirance physique est-elle une nécessité pour vous connecter profondément avec votre partenaire ?

50 Souhaitez-vous toujours être considéré comme attirant ?

51 Combien de temps vous faut-il pour surmonter une insulte ?

52 Les femmes sont-elles simplement meilleures dans les tâches ménagères comme changer la couche d'un bébé ? Seuls les hommes devraient-ils savoir manier un marteau ?

53 Que pensez-vous des réseaux sociaux ?

54 Aimez-vous les chiens ou les chats?

55 Comment célébrez-vous quand quelque chose d'important se produit?

56 Quelle est votre plus grande limite ?

57 Quel genre d'émissions de télévision aimez-vous regarder ?

58 Quel est le plus beau cadeau que votre partenaire vous ait jamais offert ?

59 Vous considérez-vous comme une personne respectueuse des lois ? As-tu déjà été arrêté? Si oui, pourquoi ?

60 Avez-vous déjà été en prison ? Si oui, pourquoi ?

61 Collaborez-vous avec votre communauté locale sur des projets pour les sans-abri ou d'autres groupes défavorisés ?

62 Faites-vous un effort pour ranger votre immeuble ?

63 Dans l'ensemble, diriez-vous que vous respectez la loi ?

64 Quelle serait votre réaction si votre enfant sortait avec quelqu'un d'une au-

tre nationalité, ethnie ou opinions politiques ?

65 Avez-vous dû rompre avec d'anciens partenaires en raison de points de vue différents sur la race, l'ethnicité, la culture ou d'autres concepts associés ?

66 Y a-t-il des gens dont vous n'appréciez vraiment pas du tout les opinions ?

67 Vous sentez-vous généralement sûr de vous ? Êtes-vous prêt à essayer des choses pour lesquelles vous n'êtes pas encore doué ?

68 Y a-t-il quelque chose, en particulier, que vous n'aimez pas chez vous ? Physique ou autre.

69 Avez-vous déjà été accusé d'un crime?

70 Quelle est votre plus grande force?

71 Envisageriez-vous la chirurgie plastique pour « réparer » quelque chose que vous considérez comme une imperfec-

tion ?

72 Utilisez-vous du maquillage? Combien? À quelle fréquence? Combien de temps vous faut-il pour l'appliquer ? Combien d'argent y dépensez-vous ?

73 Seriez-vous fâché ou insatisfait si je prenais une quantité notable de poids ?

74 Êtes-vous vraiment en contact avec la mode? Combien dépensez-vous en vêtements ?

75 Avez-vous déjà fait un don à une association caritative ? Quel genre?

76 Seriez-vous bénévole pour une cause en laquelle vous croyez?

77 Êtes-vous prompt à juger les gens ?

78 Que pourrait faire votre partenaire à l'avenir qui suscite votre méfiance ?

79 Seriez-vous à l'aise de transférer tout votre argent sur le compte bancaire de votre partenaire ?

80 Êtes-vous sûr de garder confiance en votre partenaire quoi qu'il arrive ?

81 Y a-t-il eu des moments où vous n'étiez pas à l'aise avec la façon dont votre partenaire se comportait avec le sexe opposé ? Si oui, quand et qu'a-t-il fait ?
82 Votre différence avec votre partenaire pourrait-elle être une source de conflit dans le futur ?
83 Y a-t-il quelque chose dans le mariage qui vous fait peur ?
84 Qu'est-ce qui vous rend le plus insécurisé ? Comment gérez-vous vos insécurités ?
85 Qu'est-ce qui vous rend plus sûr ?
86 Selon vous, quelles sont les fêtes les plus importantes à célébrer ?
87 Quel genre de nourriture aimez-vous manger?
88 Quel genre de passe-temps avez-vous?
89 Avez-vous un chien, un chat ou un autre animal de compagnie?
90 Croyez-vous qu'une personne

devrait abandonner son animal de compagnie si cela entrave la relation ?

91 Considérez-vous vos animaux de compagnie comme des membres de votre famille ?

92 Est-ce important pour vous de vous impliquer dans votre communauté locale?

93 Les femmes sont-elles simplement meilleures dans les tâches ménagères comme changer la couche d'un bébé ? Seuls les hommes devraient-ils savoir manier un marteau ?

94 Avez-vous dû rompre avec d'anciens partenaires en raison de points de vue différents sur la race, l'ethnicité, la culture ou d'autres concepts associés ?

95 Qu'est-ce qui te fait peur ?

96 Qu'est-ce qui tue votre joie et votre passion?

97 Qu'est-ce qui vous fait sourire dans les moments difficiles ?

98 Qu'est-ce qui vous fait vous sentir le plus vivant ?

99 Diriez-vous que vous avez un meilleur ami ou plusieurs meilleurs amis ? Comment vous êtes-vous rencontré ? Qu'appréciez-vous le plus chez eux ?

100 Croyez-vous qu'une certaine somme d'argent devrait être mise de côté pour le plaisir, même si vous avez un budget serré ?

101 La situation financière a-t-elle déjà été une raison pour rompre une relation ?

102 Est-il important pour vous que votre partenaire accepte et aime vos amis ?

103 Est-il important pour vous et votre partenaire d'avoir des amis communs ?

104 Vous faites-vous facilement de nouveaux amis ?

105 Quelle est la relation la plus longue que vous ayez jamais eue ? Pourquoi cela s'est-il terminé et quelle leçon en avez-

vous tirée ?
106 Avez-vous déjà demandé un conseil matrimonial ? Qu'est-ce que l'expérience vous a appris ?
107 À quel point est-il important pour vous de toujours être à votre meilleur ?
108 Quelle est l'importance du look de votre partenaire ?
109 Avez-vous peur de vieillir ? Avez-vous peur de perdre votre apparence?
110 Si un ami a besoin de vous, peut-il compter sur votre soutien ?
111 Participez-vous souvent à des projets communautaires?
112 Pensez-vous qu'il est important de donner de votre temps ou de votre argent à des œuvres caritatives ?
113 Quel type d'associations souhaitez-vous soutenir ? Faites-vous des dons de quelque nature que ce soit ? Lequel?
114 Avez-vous jamais servi dans l'armée?
115 Y a-t-il des responsabilités

ménagères qui, selon vous, sont le domaine exclusif d'un homme ou d'une femme ? Pourquoi crois-tu ceci?

116 Croyez-vous que les mariages sont plus forts si la femme laisse la plupart des décisions à son mari ?

117 Quelle est l'importance de l'égalité dans le mariage? Définissez ce que vous entendez par égalité.

118 Croyez-vous que les rôles dans votre famille devraient être remplis par la personne la mieux équipée pour le travail, même s'il s'agit d'un arrangement non conventionnel ?

119 Vous aimez aller aux concerts ?

120 Vous aimez visiter les musées ou les expositions d'art ?

121 Aimes-tu danser?

122 Aimez-vous regarder la télévision?

123 Y a-t-il une période de l'année où vous êtes plus impliqué dans des activités comme le football, le basket-ball ou

d'autres sports ?

124 Est-il important pour vous d'assister régulièrement ou rarement à des événements sociaux ?

125 Sortez-vous au moins un soir par semaine ou préférez-vous vous amuser à la maison ?

126 Vous considérez-vous comme un bon conducteur ?

127 Aimez-vous cuisiner? Quel genre de nourriture aimez-vous manger?

128 Votre environnement de travail est-il discriminatoire à l'égard de toute origine ethnique ?

129 Avez-vous une bonne appréciation de la nourriture, ou s'agit-il plutôt d'un « carburant » pour vous permettre de passer la journée ?

130 Prenez-vous le temps de manger à table ou êtes-vous toujours pressé ?

131 Êtes-vous un bon cuisinier? Si non, vous attendez-vous à ce que votre parte-

naire cuisine ?
132 Est-ce une nécessité que vous mangiez avec votre partenaire ?
133 Comment vous sentiriez-vous si votre enfant sortait avec quelqu'un d'une autre race ou ethnie ? Le même sexe ? Comment vous sentiriez-vous s'il ou elle épousait cette personne ?
134 Êtes-vous conscient de vos propres préjugés raciaux et ethniques ? Lesquels sont-ils ? D'où viennent-ils?
135 Le fait d'avoir des ethnies différentes a-t-il déjà été une source de tension et de stress pour vous dans une relation ?
136 Quelles étaient les opinions de votre famille sur la race, l'ethnicité et les différences ?
137 Est-il important pour vous que votre partenaire partage vos points de vue sur la race, l'ethnicité et les différences ?

www.ingramcontent.com/pod-product-compliance
Lightning Source LLC
LaVergne TN
LVHW050343160826
845677LV00014B/3767

9798848186314